Der Weg zu Gott

AF138755

Der Weg zu Gott

E. Rika

Der Weg zu Gott

Ein kleines Begleitbuch zur Bibel

Der Weg zu Gott

3. Auflage
Vollständige Taschenbuchausgabe September 2015

©2015 by E. Rika

Lektorat & Satz: M. Derbort
Einband: BoD
Bildnachweise siehe letzte Seite

Herstellung und Verlag:
BoD - Books on Demand, Norderstedt

ISBN: 978-3-738639-86-5

Inhaltsverzeichnis

Vorwort

Die Bibel ist das am meisten gekaufte Buch. Doch sehr viele Menschen sind mit dem Inhalt der Bibel unzufrieden. Unendlich viele Fragen treten auf, auch Zweifel und Ablehnung. Es ist mir deshalb ein Bedürfnis, etwas darüber zu schreiben. Ich möchte auf einige Fragen, die immer wieder gestellt werden, eine Antwort finden.

Ich habe beim Lesen der Bibel und anderen Büchern festgestellt, dass manche Fragen gar nicht so schwer zu erklären sind. Doch viele Menschen haben nicht die Zeit oder die Geduld dazu, alles zu hinterfragen und eine Antwort darauf zu finden.

Ich würde mich freuen, wenn ich etwas zur Klarheit beitragen könnte, und ich damit erreichte, dass einiges auf der Welt besser würde.

E. Rika

Wer ist Gott?

Moses sagte in Genesis 1.2, die Erde war wüst und leer, Finsternis lag über der Urflut und der Geist Gottes schwebte über den Wassern.

Niemand hat Gott je gesehen, und doch fast jeder Mensch fühlte ihn irgendwann einmal. Da war etwas neben uns das uns tröstete, uns auffing, uns bei der Hand nahm.

Wir erkannten, dass es noch jemanden geben muss, der größer und mächtiger ist, als wir Menschen es sind. Wer da im Zweifel ist, sollte sich einmal sein Leben überdenken und er findet bestimmt Stellen wo dieses zutrifft.

Manche Menschen vergleichen Gott mit einer Allbewusstheit oder mit einer Weltenseele, in die auch unsere Seelen nach dem Tode eingehen, oder als Kraft die das Universum füllt. Nach dem Evangelium von Johannes 14.20 sagt Jesus: „In jenen Tagen werdet ihr erkennen, dass ich in meinem Vater bin und ihr in mir und ich in euch."

Gott ist Liebe, das lehrte uns Jesus Christus. Wir lesen in der Bibel, dass Gott uns nach seinem Bild erschaffen hat. Wir Menschen sind fähig zu lieben und so wohnt Gott auch in uns, wenn wir ihm Raum dafür geben und Gott auch in unserem Nächsten lieben.

Und die das nicht glauben?

Es gibt viele Ansichten zu diesem Thema, doch wir sollten nicht vergessen:

Meist ist es doch so, dass der Mensch das, was er erkannt zu haben glaubt, für allgemeingültig hält. Er sieht deshalb alle anderen Meinungen als verkehrt an, obwohl diese das gleiche Recht auf Gültigkeit haben.

Sicher ist jedenfalls so viel, dass unser Denken, je nach geistiger Veranlagung, bestimmte Grenzen hat, die der Mensch von Natur aus nicht überschreiten kann.

Durch die Begrenztheit des Denkens, sieht der Mensch immer nur ein Teil der Wirklichkeit. Die vollständige Wirklichkeit ist ihm durch Schleier verborgen, die der Mensch nicht heben kann, weil er so beschaffen ist.

Es gibt mehr zwischen Himmel und Erde, als wir Menschen denken können.

Der französische Philosoph und Mathematiker Blaise Pascal, sagte: „Gott gibt so viel Licht, dass, wer glauben will, glauben kann. Und Gott lässt so viel im Dunkeln, dass, wer nicht glauben will, nicht glauben muss."

Warum lässt Gott das zu?

Wenn Gott Liebe ist, warum lässt er das zu? Das fragen sich Menschen oft, wenn etwas Schreckliches passiert. Es ist auch oft der Grund, weshalb Menschen ihren Glauben verlieren.

Doch wir sollten bedenken, dass wir Menschen die Freiheit wollten und Gott schenkte sie uns – für immer.

Gott will, dass sich die Menschen ihm in Freiheit zuwenden können. Gott will auch, dass wir uns bewusst für gute Handlungen entscheiden. Wir sollen die Erde bestellen und füllen und sie nach unserem Wunsch einrichten.

Gott ist gerecht, wenn er die Freiheit gibt, mischt er sich nicht mehr ein.

Gott schickt uns keine Krankheiten. Jede Krankheit hat eine Ursache, nach der wir suchen können oder die erforscht werden kann. Die meisten Dinge, die gefährlich werden können sind von Menschen erfunden und erdacht.

Der Philosoph Immanuel Kant sagte: „Der Mensch ist Alleinverursacher des Schlimmen und dafür auch verantwortlich."

Wir sollten nicht fragen, warum Gott das zulässt. Sondern wie Gott das aushält, was die Menschen anrichten.

Gott muss das menschliche Leid ertragen. Dieses Ertragen ist nicht „nicht Handeln", sondern intensives, liebevolles Handeln, das Freiraum zu Liebe und Umkehr gibt.

Auch die Natur hat ihre Gesetze. Sie ist wunderbar, und schenkt uns Menschen Gesundheit und Kraft, doch sie kann auch grausam sein. Aber wir Menschen haben den Verstand, die Gesetze der Natur zu erforschen.

Wir wissen auch, dass das Böse eine starke Macht besitzt. Doch Gott, der die Menschen liebt, kann auch dem Schlimmen und Schrecklichen eine neue Bedeutung geben:

Durch Krankheiten wissen wir die Gesundheit so richtig zu schätzen.
Durch Kriege merken wir was uns Frieden bedeutet.
Durch Unglück lernen wir, auch ein kleines Glück so richtig zu genießen.
Durch Traurigkeit wird die Freude doppelt schön für uns.
Nach dem Tod wurde uns ewiges Leben versprochen.

Für viele Menschen ist das kein Trost – zum Beispiel wenn sie ein Kind verloren haben. Denken wir aber richtig darüber nach, so ist nicht Gott schuld daran, sondern wirklich nur der Mensch, durch Fahrlässigkeit, menschliches Versagen oder Gewalt.

Was Krankheiten betrifft:
Die Menschen verwenden viel Zeit und Geld, um unsinnige Dinge zu erforschen, anstatt es für

die Erforschung von Krankheiten und Naturgesetzen auszugeben.

Die verstorbenen Menschen, die wir liebten, leben in unserer Seele weiter für immer. Deshalb ist es auch so wichtig an Gott zu glauben und ihm zu vertrauen, damit wir einmal zusammen bei Gott sein dürfen.

Wenn sich Gott nicht in unser Leben einmischt, hat er uns dann allein gelassen?

Diese Frage stellen sich viele Menschen.
Gott bietet uns Hilfe an, wenn wir es möchten:

Das Gewissen
Das Gebet
Die Engel

Die Bibel

Das Gewissen

Seit wir erkannt haben, was gut und böse ist, haben wir ein Gewissen das wir befragen können. Wenn wir es ehrlich fragen, ohne Ausflüchte, gibt es uns auch eine ehrliche Antwort. Zum Beispiel ist es richtig, dass wir Millionen anhäufen während andere hungern?

Das Gebet

Wie wir unseren Kindern helfen, wenn sie uns darum bitten, so hilft uns auch Gott, denn wir sind seine Kinder. Vielleicht hilft er uns nicht immer so, wie wir es gerade möchten, aber bestimmt, wie er es für uns richtig hält. Wir müssen ihm vertrauen, fest daran glauben und richtig beten:

> Wir tragen Gott unsere Bitten und Probleme vor
>
> Wir bitten nicht nur für uns, sondern für alle Menschen auf der Welt.
>
> Wir bedanken uns für alles Gute, dass wir erfahren haben und auch für das weniger Gute, durch das wir lernen konnten.

Wenn wir das „Vater unser" beten, sollten wir jedes Wort beachten, und jedem Menschen vergeben, der uns Böses getan hat. Das ist nicht immer leicht, doch vielleicht bereuen diese Menschen schon, was sie uns angetan haben. Wir wissen auch nicht. warum sie so handelten, wenn wir ihnen verzeihen ist das Böse nicht aus der Welt geschafft, doch wir überlassen es Gott, zu urteilen.

Die Engel
Daran zu glauben, fällt vielen Menschen schwer.
Wir können uns folgendes überlegen: Die Erde ist viele Millionen Jahre alt. Es ist kaum zu glauben, dass Menschen und Tiere so lange überleben konnten, ohne Schutzsystem. In fast allen Religionen gibt es Engel.
Wenn wir wieder mehr auf unsere innere Stimme achten, auf Zeichen die uns Gott, oder das Universum, gibt. Wenn wir wieder auf unsere Gefühle hören, dann spüren wir auch Warnungen und Zuspruch. Wir fühlen, Gott hat uns nicht allein gelassen.

Manchmal sind es auch Menschen, die uns Schutz und Hilfe geben, dann werden sie zu Schutzengeln.

Was wir fest glauben, wird uns gegeben, wir werden die Zeichen erkennen die uns warnen und können uns beschützt fühlen. Auch Tiere haben ihre Engel, sie spüren Warnungen oft früher als wir Menschen.

Die Bibel

Auch im Alten Testament sind Dinge beschrieben, die für alle Zeit Gültigkeit haben. Was nicht gut war, ist von Jesus Christus aufgelöst worden. Die Bibel bietet uns eine reiche Auswahl an Lehren, es ist für jede Lebenslage etwas dabei, im Alten Testament, besonders aber im Neuen Testament.

Die Bibel

Das Alte Testament

Im Alten Testament wurde vorbereitet, was sich im Neuen Testament zur Vollkommenheit entfaltete. Die Bücher des Alten Testamentes sind mehrere tausend Jahre alt.

Die gefundenen Schriftstücke, die ja handschriftlich überliefert wurden, sind natürlich mit der Zeit zum Teil unleserlich geworden. Es fehlten einige Stellen, vieles war beschädigt, die Lücken mussten ersetzt werden.

Textveränderungen zum besseren Verstehen wurden ebenfalls vorgenommen. Dazu kam, dass die Übersetzungen schwierig waren, weil viele Wörter mehrere Bedeutungen haben. Außerdem wird oft in Bildern, Symbolen und Gleichnissen gesprochen, die unterschiedlich ausgelegt werden können. Trotzdem ist alles getan worden, um die alten Schriften möglichst genau wiederzugeben.

Vieles, was im Alten Testament beschrieben ist, kommt uns heute seltsam vor, doch die Menschen von damals waren eben Kinder ihres Zeitalters.

In den Moses-Büchern wird vieles beschrieben was sich lange vor der Geburt von Moses auf der Erde ereignet hat.

Wie konnte Moses das wissen?

Durch Erzählungen die von Generation zu Generation weitergegeben wurden, auch durch Aufzeichnungen, Bilder, Lieder und Spiele, konnte die Vergangenheit einigermaßen lebendig gehalten werden.

Kann das Alte Testament als Wort Gottes bezeichnet werden?

Es war Gottes Wille, dass wir lesen können wie die Menschen zur damaligen Zeit lebten und sich entwickelten, um daraus zu lernen. Was nicht gut war, wurde durch Jesus Christus aufgelöst. Deshalb ist auch das Alte Testament das Wort Gottes.

Von der Erschaffung der Welt

Moses kann sich die Erschaffung der Welt nur durch Überlegungen und vielleicht Visionen vorgestellt haben. Er hat auch gleich zwei Berichte davon.

Nach der ersten Version, erschuf Gott den Menschen am sechsten Tag, nachdem er alle Lebensbedingungen für ihn geschaffen hatte.

Genesis 1.27: So erschuf Gott den Menschen nach seinem Abbild, nach Gottes Bild, als männlich und weiblich erschuf er sie […]

1.28: Gott segnete sie und sprach zu ihnen: Pflanzet euch fort und mehret euch und füllet die Erde […]

An der zweiten Version ist zu erkennen, dass zu diesen Zeiten kaum naturwissenschaftliche Kenntnisse vorhanden waren. Sie bedeutet wahrscheinlich nur: Der Mensch ist aus der Erde hervorgegangen und kehrt zur Erde zurück. Das überhaupt noch ein zweiter Bericht vorliegt, völlig unterschiedlich zum ersten Bericht, ist eigentlich unklar, denn es wurde bereits alles gesagt.

Die Menschen zu Moses Zeiten hielten die Erde für eine Scheibe über die sich der Sternenhimmel wie eine Glocke spannte. Moses stellte die Erschaffung der Erde bildlich dar, damit es Jeder verstehen konnte. Die Menschen waren damals nicht dümmer als heute, aber es war eben vieles noch nicht entdeckt.

Zu Jesu Zeiten glaubten die Menschen jedes Wort von Moses, so wie es geschrieben war. Es war „Die Schrift". Sogar der Apostel Paulus schreibt in seinen Briefen, dass die Frau vom Mann abstammt, weil es in Genesis 2.21/22 so geschrieben steht. (In der Fußnote der Bibel ist vermerkt, es handelt sich hier um ein patriarchalisch-orientalisches Denken).

Wir wissen heute alle, dass die Welt nicht in sechs Tagen entstanden ist, und dass sich auch die Menschen über einen Zeitraum von vielen Millionen Jahren entwickeln mussten. Es ist aber durchaus möglich, die Entwicklung der Erde in sechs Abschnitte einzuteilen und in dem letzten die ersten Menschen anzusiedeln.

Die ersten Menschen

An unseren Kindern sehen wir, wie sich die ersten Menschen entwickelten. In der Mutter macht der werdende Mensch viele Entwicklungsstufen durch. Wenn das Kind auf die Welt kommt, hat es zwar ein Bewusstsein, aber das „Ich-Bewusstsein" ist noch nicht richtig ausgebildet, es entwickelt sich erst allmählich.

Das Kind fühlt sich noch ganz in der Natur eingebunden, das bleibt auch in den ersten

Jahren des Kleinkindes. Es weiß in diesem Alter noch nichts von gut und böse, von Arbeit, Moral, Krankheit und Tod. Es lebt im Garten Eden und freut sich ganz einfach am Leben und an der Natur.

So haben sich wohl, wie wir in der Bibel lesen, die ersten Menschen gefühlt, die mit Adam und Eva dargestellt werden.

Erst später bemerkt das Kind sein „Ich". Ich brauche nicht zu gehorchen, ich kann auch „nein" sagen, ich will selbst entscheiden, ich will meinen Willen durchsetzen. Es lernt dabei auch, was gut und böse ist. Damit verliert es das Paradies, so wie die ersten Menschen die laut Bibel, vom „Baum der Erkenntnis für Gut und Böse aßen".

Für die Menschen wurde das Leben schwer, viele an das Paradies gekoppelten Eigenschaften gingen verloren. Auch andere Menschen setzten ihnen ihren eigenen Willen entgegen.

Wut, Hass, Neid, Habgier konnten sich entwickeln. Daraus entstanden oft Morde (Kain erschlug Abel), Kriege, Vernichtung, Terror, Gewalt, Verachtung.

Jetzt war aber auch die Möglichkeit gegeben für Mitleid, Liebe, Güte, Verständnis, Friedfertigkeit, Vergebung, für die Eigenschaften Gottes.

Hat Gott mit den Menschen gesprochen?
Sicher, wenn man ihn darum gebeten hat, in Träumen, Visionen, Erscheinungen, „Geschichten".
Genesis 46.2: Gott sprach in Nachtgeschichten (Träumen) zu Israel.
Wir lesen auch, dass Moses in ein Zelt geht und Zwiesprache hält mit Gott, den er weder sieht noch hört.
Direkt mit den Menschen gesprochen hat Gott wohl nicht, warum sollte er auch?
Gott gab den Menschen einen freien Willen, freie Entscheidungskraft. Der Mensch durfte sich frei entfalten, wusste was gut und böse ist. Gott mischt sich nicht ein, wenn wir ihn nicht darum bitten.
Aber nicht immer war das, was die Menschen für die Sprache Gottes hielten, auch wirklich von Gott.

Einige Beispiele: Gefallen an Kriegen, Menschen- und Tieropfern zu haben, sind keine Eigenschaften Gottes. Es wurden wohl oft Träume und Visionen falsch ausgelegt.

Aber es waren nur Menschen und deshalb konnte es auch zu Irrtümern kommen.

Das Neue Testament

Maria
Jungfrau Geburt?
Unbefleckte Empfängnis Marias?
Kann eine Empfängnis befleckt sein?

Diese Fragen haben schon heftige Diskussionen
ausgelöst.
Wir lesen, ein Engel brachte Maria die frohe
Botschaft und sie empfing vom heiligen Geiste.
Sicher hat ihr eine Erscheinung (Engel)
vielleicht im Traum gesagt, dass das Kind in ihr

etwas Besonderes ist. Wir sollten bedenken, zur damaligen Zeit war es für Frauen besonders schwierig. Eine Frau galt bei vielen Menschen nur dann als rein, wenn sie noch Jungfrau war, und die ersten Christen fanden, Jesus durfte nur von einer reinen Frau geboren sein.

Wir wissen heute, die Ehe ist ein Sakrament, Niemand wird unrein oder befleckt durch sie. Auch Maria hat rein empfangen, selbst wenn sie mit Joseph verheiratet war, und er der Vater von Jesus wäre.

Dass Maria für die Geburt Jesu ausgewählt wurde, war Gottes Wille und deshalb auch sein Geist. Und Jesus ist damit auch Gottes Sohn.

Der Apostel Paulus schreibt in einem Brief an die Römer:

1.1: Paulus: Knecht Christi Jesus, berufener Apostel, ausgewählt für das Evangelium Gottes.

1.3: Und von seinem Sohne, hervorgegangen aus Davids Geschlecht dem Fleische nach

1.4: Eingesetzt zum Sohne Gottes, in Macht, dem Geiste der Heiligkeit nach.

Der Ausdruck „Unbefleckte Empfängnis" ist noch auf die ersten Christen zurück zu führen,

aber er hielt sich noch sehr lange. Heute sagt man überwiegend „Mariä Empfängnis"
Dass die katholische Kirche Marias Reinheit so betont, bezieht sich auch auf ihre Tugendhaftigkeit und ihren Lebenswandel und dass sie ebenfalls so verehrt wird.

Geburt und Kindheit Jesu

Auch die Geschichte von der Geburt Jesu wird von vielen Menschen kritisch betrachtet.
Nur der Evangelist Lukas schreibt ausführlich über die Geburt Jesu und er gibt auch zu, dass er nur das schreiben kann, was die Menschen ihm erzählten. Es wird viel erzählt worden sein und es ist einfach menschlich, dass man beim Erzählen auch seine eigenen Gedanken mit einfließen lässt. Im Nachhinein glaubt man

Dinge gesehen zu haben, die sich so vielleicht nicht zugetragen hatten.

Der Evangelist Matthäus schreibt nicht viel über die Geburt Jesu. Dafür schreibt er als einziger Evangelist von den drei Magiern (Königen) aus dem Morgenland, die den neuen Stern gesehen haben wollen. Er beschreibt auch als Einziger den Kindermord des Herodes.

Wir könnten überlegen, was wissenschaftlich erwiesen ist.

Da wären Kaiser Augustus und die Volkszählung. Ebenso gibt es Beweise, dass König Herodes zur damaligen Zeit regiert hat. Auch der Stern, der gesichtet wurde, wird von den Astrologen für möglich gehalten.

Bei den Volksmassen, die nach Jerusalem strömten, haben sicher die meisten Menschen geahnt kein Quartier zu bekommen, und sie haben sich damit abgefunden im Freien zu übernachten. Doch da bei Maria die Stunde kam in der sie gebären sollte, brauchten sie dringend eine Unterkunft. Da war nur noch ein Stall frei. Zur damaligen Zeit war es noch üblich, dass ab und zu Menschen im Stall bei den Tieren schliefen, das gab es auch noch viel später.

Maria und Joseph waren sicher froh, einen Platz gefunden zu haben. Was die Hirten anbetrifft, so sprach es sich wohl herum, dass da ein Kind geboren wurde und sie wollten es sehen. Einiges ist sicher durch viele Erzählungen ausgeschmückt worden.

Trotzdem, hören die meisten christlichen Menschen gern diese Weihnachtsgeschichte und können sie mit ihrem Herzen auch nachvollziehen.

Von der Kindheit Jesu wissen wir nicht viel, von seiner Jugend gar nichts.

Wir fragen uns:

> Wo hat sich Jesus sein Wissen angeeignet?
> Wo hat er gelernt zu heilen, und es seinen Aposteln weiter zu geben, so dass auch sie heilen konnten?
> Wie und wo hat er die Zeit bis zu seinem öffentlichen Auftritt verbracht?

Vielleicht hat Jesus nicht darüber gesprochen, oder seine Jünger fanden es nicht nötig etwas davon aufzuschreiben.

Jesus, der Prediger, Taufe und Versuchung

Die Evangelisten Matthäus, Markus und Lukas waren keine Jünger Jesu. Ihr Wissen hatten sie aus Überlieferungen, Erzählungen und Notizen der Jünger. Vom Evangelisten Johannes wird vermutet, dass er ein Apostel Jesu gewesen sein könnte. Aber es ist nur eine Vermutung, denn die Evangelien wurden etwa in den Jahren 60 bis 110 geschrieben und der Evangelist Johannes schrieb sein Evangelium als Letzter. Er müsste zu diesem Zeitpunkt schon sehr alt gewesen sein.

Die Evangelien ähneln sich in vielem. Trotzdem sind einige Unterschiede da. Wir können davon ausgehen, dass beim Erzählen doch einiges verändert wurde und dass die Jünger je nach Zuhörerkreis und Charakter verschiedene Akzente gesetzt hatten. Wahrscheinlich haben die Evangelisten auch ihre eigenen Gedanken eingebracht.

Die Taufe Jesu

Matth. 3.16: Als Jesus getauft war, stiege er sofort aus dem Wasser herauf und siehe, der Himmel öffnete sich ihm und er sah den Geist Gottes, wie eine Taube herabsteigen und auf sich zukommen.

3.17: Und eine Stimme sprach: „Dieser ist mein geliebter Sohn, an dem ich meinen Wohlgefallen habe."

Wie kann das sein?

Nach dem Johannes-Evangelium hatte nicht Jesus diese Erscheinung, sondern Johannes der Täufer bei einer zufälligen Begegnung mit Jesus.

Auch die Wahl der Jünger wurde bei Johannes anders beschrieben. Diese Unterschiede beweisen nur, dass es Menschen aufgeschrieben haben. Das wirklich Wichtige bleibt trotzdem erhalten: Jesus hat gelebt und Gottes Auftrag erfüllt, den Menschen den Weg der Liebe zu zeigen.

Die Versuchung

In der Bibel lesen wir: Jesus fastete 40 Tage und 40 Nächte in der Wüste, um sich auf den öffentlichen Auftritt vorzubereiten.

Matth. 4.2: […] es hungerte ihn zuletzt […]

Der Teufel nahm ihn mit, um ihn zu versuchen. Wie ist das möglich?

Jesus wollte damit zeigen, dass er ein Mensch war und wie alle Menschen auch Versuchungen in sich spürte. Den Teufel als solchen brauchen wir nicht wörtlich zu nehmen. Jesus war nach der langen Fastenzeit sehr geschwächt, doch er hatte den Versuchungen widerstanden. Er gab uns gleich am Anfang seines Wirkens drei Aufgaben:

Nicht Unüberlegtes zu tun – auch wenn wir schwach sind.

Uns nicht in unüberlegte Abenteuer zu stürzen.

Wer Reichtum und Macht mehr liebt, als den Nächsten, der hungern muss und machtlos ist, der liebt auch nicht Gott; er betet fremde Götter an.

Was Jesus predigte, wird von den meisten Menschen als sehr gut befunden. Etwa in seiner Bergpredigt spricht er alles an, was wir wissen müssen, um ein glückliches Leben führen zu können.

Nur zum Ehegesetz gibt es viele Fragen.

Matth.5.31: Jesus: „Es wurde euch gesagt, wer seine Frau entlässt, gebe ihr einen Scheidebrief."

5.32: Ich aber sage euch, Jeder der seine Frau entlässt – ausgeschlossen der Fall von Untreue –

macht sie zur Ehebrecherin, und wer eine Entlassene zur Ehe nimmt bricht die Ehe.

Das kann man so verstehen, dass der Mann nur bei Untreue der Frau einen Scheidebrief geben durfte, der dann auch Gültigkeit hatte. Von der Untreue des Mannes spricht Jesus nicht, denn einer Frau von damals war es wohl nicht erlaubt, den Mann zu entlassen

Jesus wollte sicher die Frauen damit schützen, denn sie waren völlig abhängig vom Mann.

Nur die Untreue machte eine Ausnahme.

Mann und Frau stehen sich heute anders gegenüber, als zu Jesu Zeiten. Heute legen die werdenden Eheleute vor der Eheschließung ein Gelöbnis ab, das für Mann und Frau gilt.

Der ungetreue Ehepartner ist es also, der die von Gott gesegnete Ehe trennt. Dazu passen auch Jesu Worte, was Gott zusammen gefügt hat soll der Mensch nicht trennen.

Warum soll also der treue Ehepartner darunter leiden, und von den Sakramenten ausgeschlossen werden, wenn er sich scheiden lässt und noch einmal heiratet?

Dazu hat Jesus nichts gesagt.

Die katholische Kirche wird als unbarmherzig empfunden, wenn sie alle Geschiedenen und Wiederverheirateten als sündige Menschen verurteilt. Wir sollten überlegen was Jesus tun würde, wenn er heute lebte. Er würde sicher den verzweifelten Menschen eine Chance für die Zukunft geben. Auch Gott wird das tun, denn er möchte dass die Menschen glücklich sind. Wenn Menschen nach einer gescheiterten Ehe, in der zweiten Ehe die Werte bringen, Treue, Liebe und Verantwortung für die Kinder, warum sollen sie dann ausgegrenzt sein?

Das fragen sich viele Menschen

Auch Priester legen vor der Priesterweihe ein Gelöbnis vor Gott ab, das für immer gelten soll, aber gelöst werden kann, wenn ein Grund dazu besteht.

Jesus hat zu seinen Aposteln gesagt:

(Matth.18.18) Was ihr binden werdet auf Erden das wird gebunden sein im Himmel, und was ihr lösen werdet auf Erden das wird gelöst sein im Himmel, also auch vor Gott.

Damit hat Jesus den Aposteln und ihren Nachfolgern die Macht gegeben, zu binden und zu lösen, wenn ein Grund dazu besteht sicher auch die Ehe.

Dass katholische Priester das Sakrament der Ehe nicht empfangen dürfen, ist für viele Menschen ebenfalls nicht nachvollziehbar.

Auch Petrus war verheiratet, wir lesen in der Bibel, dass Jesus die Schwiegermutter von Petrus heilte. Petrus schreibt in seinem 1. Brief als Schlusssatz. Es grüßt euch, die ausgewählte Gemeinde in Babylon und Markus mein Sohn.

Jesus löst weitere Teile des Alten Testamentes auf

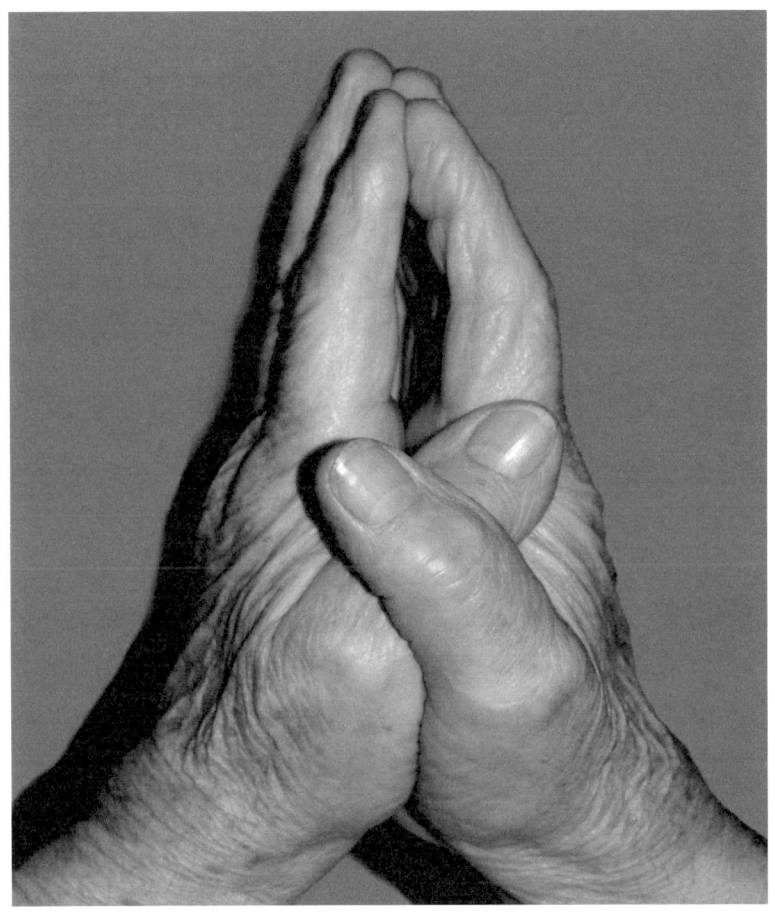

Einige Beispiele:

Matth.5.21: Ihr habt gehört, dass gesagt wurde: „Du sollst nicht töten," ich aber sage euch: „Jeder der seinem Bruder (Nächsten) zürnt, soll dem Gerichte verfallen."

Damit hat Jesus auch alles aus dem Alten Testament gemeint das mit Krieg, Totschlag und anderen Gräueln zutun hat.

5.38: Ihr habt gehört, dass gesagt wurde: „Aug um Aug und Zahn um Zahn". Ich aber sage euch: „Wer dich auf die rechte Wange schlägt, dem halte auch die andere hin".

5.44: Ihr habt gehört, „Du sollst deinen Nächsten lieben und deinen Feind hassen". Ich aber sage euch: „Liebet eure Feinde, tut Gutes denen die euch hassen, und betet für die, die euch verfolgen und verleumden."

Jesus hat auch über vieles gesprochen, dass wir eigentlich wissen, aber leider oft vergessen

Matth.8.14: Wenn ihr den Menschen ihre Fehler vergebt, so wird auch euch euer himmlischer Vater vergeben.

8.15: Wenn ihr den Menschen aber nicht vergebt, so wird auch euer Vater eure Verfehlung nicht vergeben.

8.1: Richtet nicht, damit ihr nicht gerichtet werdet.

8.2: Mit dem Maß, mit dem ihr messt, wird auch euch gemessen werden.

8.3: Was siehst du den Splitter im Auge deines Bruders (Nächsten)? Und den Balken in deinem eigenen Auge bemerkst du nicht? Zieh zuerst den Balken aus deinem Auge, und dann sieh zu, wie du den Splitter aus dem Auge deines Bruders ziehst.

7.12: Alles was ihr nun wollt, das euch die Menschen tun, sollt ebenso ihr auch ihnen tun.

Zu den Geboten Gottes

Matth.7.21: Jesus spricht: „Nicht jeder, der zu mir sagt ‚Herr, Herr' wird eingehen in das Himmelreich, sondern wer den Willen meines Vaters tut" […]

7.22: Viele werden an jenem Tag sagen: „Herr, Herr, haben wir nicht in deinem Namen geweissagt? Haben wir nicht gewirkt in deinem Namen?

7.23 Alsdann werde ich ihnen sagen: „Weichet von mir, ihr Übeltäter".

Was will Jesus damit sagen?

Wenn wir nur deshalb Gutes tun um Gott zu gefallen, um uns bei ihm einzuschmeicheln, und wenn wir sogar etwas fordern von ihm, dann ist dieses „Herr, Herr" völlig wertlos.

Wir sollen die Gebote Gottes zu unseren eigenen machen, weil wir es selbst so wollen.

Zum Beispiel:

Wir bestehlen niemanden, weil wir unseren Nächsten lieben und nicht möchten, dass er zu Schaden kommt. Wir möchten uns nicht an ihm bereichern, möchten nicht, dass er traurig ist.

Wir lügen nicht, weil wir den Anderen achten und respektieren und ihm nichts Falsches sagen möchten. Wir würden mit den Lügen unser Gewissen belasten, auch wenn wir es nicht gleich merken.

Wir reden nicht schlecht über jemanden. Wir lieben unseren Nächsten und möchten seinen Ruf nicht zerstören, möchten nicht, dass er wegen uns verzweifelt ist und vielleicht ins Abseits gerät.

Schon im Alten Testament steht:

Ehre und Schmach liegen in der Hand des Schwätzers, des Menschen Zunge ist sein Untergang. (Sirach 5.13)

So können wir alle Gebote Gottes zu unseren eigenen machen, wenn wir unseren Nächsten wirklich lieben, ist es nicht schwer sie zu halten.

Gottes Wille ist das Wohl des Menschen und seine Gebote zu halten, gibt uns Glück, Freude und Zufriedenheit.

Jesus spricht in Gleichnissen

Jesus hatte nichts Schriftliches hinterlassen, doch durch die Aufzeichnungen der Jünger wissen wir, dass Jesus gerne in Gleichnissen gesprochen hatte. Diese werden von den meisten Menschen gut verstanden, aber einige von ihnen geben uns doch Rätsel auf.
Ein Beispiel:
Matth. 13.24: Das Himmelreich ist gleich einem Menschen, der guten Samen auf seinen Acker säte.

13.25: Aber als die Leute schliefen, kam der Feind und säte Unkraut.

13.26: Als nun die Saat wuchs […] erschien auch das Unkraut.

13.27: Da traten die Knechte des Hausherrn hinzu und sagten:

13.28: „Willst du, dass wir es herausreißen?"

13.30: „Lasst alles zusammen wachsen bis zur Ernte", sagte der Hausherr. „Dann will ich den Schnittern sagen ‚Sammelt zuerst das Unkraut und bündelt es. Den Weizen aber sammelt in meine Scheuer'"

Jesus erklärte später den Jüngern dieses Gleichnis:

13.38: Der Acker, das ist die Welt, der gute Samen, das sind die Kinder des Reiches, das Unkraut sind die Kinder des Bösen.

13.39: Und die Ernte ist das Ende der Welt.

Könnte Jesus damit gemeint haben, dass jeder die Chance hat, seine Seele zu verbessern, bis zum Ende der Welt? Dann ist die Ernte, dann geht nichts mehr. Wir können unsere Seele nur formen, solange wir auf der Erde sind.

Es gibt Menschen, die nicht glauben, dass es überhaupt eine Seele gibt.

Jesus sagt: Der Leib stirbt, aber die Seele bleibt. Es gibt vieles, das wir mit unserem Verstand nicht begreifen können. Da hilft nur der Glaube und vielleicht auch das Wissen, dass dem Denken Grenzen gesetzt sind, die der Mensch nicht überschauen kann.

Wir können die Seele auch mit dem Geist oder dem Bewusstsein vergleichen.

Nichts, was auf der Welt ist, kann sich in ein „Nichts" auflösen. Kein Staubkorn, kein Wassertropfen. Das Staubkorn wird vielleicht verweht, wir sehen es nicht mehr, aber es ist immer noch irgendwo vorhanden. Der Wassertropfen verdunstet, aber er befindet sich noch in der Luft.

Ist das, was wir Seele nennen, weniger als ein Staubkorn oder ein Wassertropfen? Wenn unser Geist da ist, kann er auch nicht mehr „Nichts" werden.

Wenn Jesus von Feuer, von Heulen und Zähneknirschen spricht, was meint er damit?

Hass, Neid, Habgier, Betrug, Missgunst, Morde und dergleichen, machen innerlich krank. Eine solche Seele kann kein wirkliches Glück empfinden, keinen Frieden und keine Freude haben. Am Ende der Welt vielleicht für immer. Doch Gott verzeiht den Menschen, wenn sie umkehren. Die Erde ist ein Stern, und wie wir wissen, mischt Gott sich nicht in die Naturgesetze ein.

Durch unseren Lebenswandel schaffen wir uns auch den Himmel. Jesus sagt, dass nur die Liebe zu einem glücklichen ewigen Leben führt. Die Liebe gibt unserer Seele Frieden, Freude, Ausgeglichenheit, Zufriedenheit und Glück.

Matth.22.30: Denn bei der Auferstehung wird weder geheiratet noch verheiratet, sondern sie sind wie die Engel im Himmel.

Die Liebe Gottes finden wir auch in der Elternliebe und in der Nächstenliebe.

Zum Beispiel:

Wenn die Kinder erwachsen sind, wird es schwierig für die Eltern, sich in das Leben ihrer Kinder einzumischen, ohne um Rat gefragt zu werden. Doch wenn die Eltern ihre Kinder wirklich lieben, dann lieben sie diese auch, wenn sie etwas Schlimmes angestellt haben, oder sich von den Eltern abwenden. Die Eltern sind aber glücklich, wenn sich ihre Kinder anders besinnen und umkehren.

Die Eltern können ihren Kindern nicht immer alles recht machen und sie nicht immer schützen, wenn sich die Kinder frei entwickeln wollen – und das wollen sie schon sehr früh.

Doch Liebe bleibt für immer, auch wenn die Kinder ihre Eltern nicht mehr sehen, wir sehen auch Gott nicht. Wir können die Liebe aber spüren, in uns bewahren und uns in ihr geborgen fühlen.

Das Gleiche gilt auch für die Nächstenliebe.

Wenn wir also den Nächsten wirklich lieben, ist auch Gott in uns. Und wenn Gott in uns ist, dürfen wir nicht zulassen, dass Menschen an Hunger sterben oder im Elend umkommen, sondern wir helfen ihnen, so wie es uns möglich ist, und wir achten darauf, dass unsere Hilfe an den richtigen Stellen ankommt.

Die ersten Christen sind uns da ein Vorbild, sie teilten alles was sie hatten, mit jenen, denen es nicht so gut ging.

Doch nicht nur Materielles sollten wir geben, sondern auch Wärme und Zuwendung. Wenn wir alle so handeln, können wir bewirken, dass es einmal allen Menschen gut geht und auf der Welt Frieden einkehrt.

Auch das sollten wir nicht vergessen

Matth.22.35: Ein Lehrer des Gesetzes fragte Jesus

22.36: „Meister, welches ist das größte Gebot auf Erden?"

22.37: Er sprach zu ihm: „Du sollst den Herrn deinen Gott lieben, aus deinem ganzen Herzen, deiner ganzen Seele, deinem ganzen Denken.

22.38: Das ist das größte und erste Gebot

22.39: Das zweite ist ihm gleich, du sollst deinen Nächsten lieben wie dich selbst.

22.40: An diesen Geboten hängt das ganze Gesetz."

Matth.23.12: Wer sich selbst erhöht, wird erniedrigt werden, und wer sich selbst erniedrigt wird erhöht werden.

25.40: […] wahrlich, ich sage euch, was ihr getan habt, einem dieser meiner Geringsten, das habt ihr mir getan.

Jesus sagt auch, dass uns alle Sünden vergeben werden, nur wenn wir gegen den heiligen Geist reden, wird uns nicht vergeben.

Was meint er damit?

Wenn wir den heiligen Geist verleugnen, dann glauben wir auch nicht an Gott.

Jesus der Heiler

An die Wunder zu glauben, die Jesus gewirkt haben soll, das fällt vielen Menschen sehr schwer. Das ist auch verständlich, denn viele Wunder klingen unglaublich.

Es ist Gottes Wille, dass jeder Mensch einmalig ist, in seinen Gedanken, seinem Temperament und in seinen Taten. So ist es auch, dass Erzählungen unterschiedlich ausfallen können, es kommt darauf an wer sie erzählt und wie oft sie erzählt worden sind.

Bei Matthäus lesen wir, als ob Jesus fast alle geheilt hätte die zu ihm kamen.

Markus1.34: Er machte viele, die an mancherlei Krankheiten litten gesund, und er trieb viele Dämonen aus.

Was die Menschen früher für Dämonen hielten, waren Geisteskrankheiten. Psychiatrische Krankenhäuser gab es damals noch nicht. Aber gerade psychische Krankheiten sprechen auf grenzenloses Vertrauen und festen Glauben gut an.

Jesus hat nicht alle geheilt, er hat nur denen helfen können, die fest daran glaubten. Wir lesen in der Bibel, dass Jesus in Nazareth wenig heilen konnte, weil er wenig Glauben fand.

Auch in unserer heutigen Zeit gibt es Menschen, die die Gabe haben zu heilen. Die durch Gedanken und andere Mittel den Menschen helfen. Sie haben die Kraft ebenfalls von Gott.

Jesus gab die Kraft zu Heilen an seine Apostel weiter, so dass diese dann auch heilen konnten.

Doch der Glaube an die Heilung spielt eine große Rolle.

Was Glaube und Vertrauen bewirken können sehen wir auch daran:
Wenn wir einem Menschen ein völlig unwirksames Mittel geben, und er glaubt fest daran, dass es ihm hilft, dann hilft es ihm auch, besonders bei Schmerzen und leichteren Fällen.

Jesus heilte Blinde – wie ist das möglich?
Es handelt sich wohl um Spontanheilungen, die es immer wieder mal gibt. Oder um eine Therapie, die sich wohl über einen längeren Zeitraum hingezogen hat. Das wurde von den Evangelisten nicht untersucht – für sie zählte nur das Resultat.

Jesus erweckte Tote – wie kann das sein?
Matth. 9.24. z. B. die Tochter des Vorstehers.
Jesus sagt: „Sie schläft nur."
Joh. 11.11: „Lazarus, unser Freund schläft"
Was bedeuten konnte, dass sie ohnmächtig waren oder im Koma lagen. Auch wenn es anders geschildert wird, sollten wir Jesus glauben.

Es ist auch heute möglich, Menschen, deren Herz schon stillsteht, durch Reanimation zu retten.

Wie es auch war, Jesus ist nicht nur als Prediger aufgetreten, sondern auch als Heiler und Helfer. Er wandte sich den kranken, schwachen und ausgestoßenen Menschen zu, gab ihnen Mut, Hilfe und er heilte sie. Das versetzte die Menschen, die damals lebten, in großes Staunen.

Auch andere Wunder können nicht ausgeschlossen werden, wenn sie die Naturgesetze nicht durchbrochen haben, doch zur damaligen Zeit dachte man noch nicht naturwissenschaftlich – weder die Erzähler, noch die Evangelisten.

Es ist deshalb auch möglich, dass einige Wunder Hintergründe haben, die im Laufe von Erzählungen verloren gegangen sind oder verwechselt wurden.

Das letzte Abendmahl

Auch zum letzten Abendmahl gibt es Fragen:
Die Evangelisten Matthäus, Markus und Lukas
schreiben die Einsetzung der Eucharistie dem
Abend vor dem Tode Jesu zu. Sie wurde aber
schon vorher angekündigt, ebenfalls zu einem
Pascha-Fest.
Joh.6.51: Jesus sagt: „Ich bin das lebendige
Brot, das vom Himmel herabkommt, wenn einer
von diesem Brot isst, wird er leben in Ewigkeit.
Das Brot das ich euch geben werde ist mein
Fleisch für das Leben der Welt.

6.56: Wer mein Fleisch isst und mein Blut trinkt, der bleibt in mir und ich in ihm."

Die Jünger konnten das nicht fassen und murrten, wie kann er uns sein Fleisch zu essen geben?

6.63: Da sprach Jesus: „Der Geist ist es, der lebendig macht, das Fleisch nutzt nichts. Die Worte, die ich zu euch gesprochen habe, bedeuten Geist und Leben."

Beim letzten Abendmahl gab Jesus seinen Aposteln das angekündigte Brot und den Wein.

Mit den Worten: „Tut dies zu meinem Gedenken" gibt Jesus allen Menschen die Möglichkeit, ihn bei sich aufzunehmen

Die Umwandlung des Brotes und des Weines, die die katholische Kirche zelebriert, ist für manche Menschen nicht nachvollziehbar.

Aber gerade diese Wandlung ist für viele Christen sehr wichtig. Sie bedeutet, vorher ist es nur Brot, das wir jeden Tag essen, aber das Brot in welchem Jesus zu uns kommt, ist etwas Besonderes. Es ist nicht mehr „nur Brot".

Wenn der Priester sagt: „Leib Christi", will er damit sagen, dass Jesus in der Gestalt des Brotes zu uns kommt, so wie es Jesus beim letzten Abendmahl im Kreis seiner Apostel getan hat.

Das Wort „Leib" bedeutet in der hebräischen Sprache den ganzen Menschen, auch das Blut.

Die Auferstehung Jesu

Die Evangelisten beschreiben es alle unterschiedlich. Der Evangelist Markus schreibt folgendes:

Mark.15.43: Da kam Josef von Arimathäa, ein angesehener Ratsherr, der auch selbst auf das Gottesreich wartete, ging mutig entschlossen auf Pilatus zu und bat ihn um den Leichnam Jesu

15.45: Pilatus schenkte Josef den Leichnam.

15.46: Dieser kaufte Leinwand und legte ihn in ein Grab, das in einen Felsen gehauen war und wälzte einen Stein vor den Eingang des Grabes.

16.1: Als der Sabbat vorüber war, kauften Maria Magdalena, Maria, die Mutter des Jakobus und Salome Spezereien um hinzugehen und ihn zu salben.

16.4 Wie sie aber hinblickten, sahen sie, dass der Stein weggewälzt war.

16.5: Als sie in das Grab hinein gingen sahen sie einen Jüngling sitzen…und sie erschraken sehr.

16.6: Er sprach zu ihnen: „Fürchtet euch nicht, ihr sucht Jesus, den Nazarener, den Gekreuzigten, er ist auferstanden, er ist nicht hier"

Danach erschien Jesus zuerst Maria Magdalena und später den elf Aposteln und er redete mit ihnen.

16.19: Nachdem Herr Jesus zu ihnen gesprochen hatte, wurde er hinauf genommen in den Himmel und setzte sich zur Rechten Gottes.

Wie kann das sein?

Die Menschen von damals, vermuteten den Himmel über den Sternen. Das tun wir auch heute noch gern. Wenn wir an Gott denken, oder mit ihm sprechen, blicken wir oft nach oben.

Der Apostel Paulus, der seine Briefe Jahrzehnte vor den Evangelisten geschrieben hat und auch noch Kontakt mit den Aposteln hatte, schreibt von Offenbarungen und Erscheinungen des auferstandenen Jesus Christus, von Visionen und Träumen der Apostel.

Die Evangelisten haben das übernommen und vieles als Wirklichkeit hingestellt.

Was können wir also glauben?

Jesus und seine Apostel waren eine eingeschworene Gemeinschaft. Sie sind zusammen einen weiten Weg gegangen. Es ist natürlich, wenn sie nach seinem Tod Erscheinungen hatten, dass sie auch von ihm träumten, und sich gegenseitig die Träume erzählten. Wir lesen in der Bibel immer wieder, dass damals den Träumen sehr viel Bedeutung entgegengebracht wurde, auch Wahrheit und

Gottes Eingabe, was manchmal auch tatsächlich der Fall ist.

Erscheinungen gibt es auch heute, nicht nur an Wallfahrtsorten, sondern auch im Alltag.

Das Wichtigste ist doch: Jesus ist als Mensch auf die Welt gekommen. Die Gewissheit, dass er bei Gott aufgenommen wurde gibt uns Menschen die Hoffnung, dass auch wir einmal bei Gott sein dürfen, wenn wir aus eigenem Willen den Weg der Liebe gegangen sind, so wie ihn Jesus ging.

Die Nächsten lieben, ihnen helfen, ihnen beistehen, zuhören, macht froh, frei und glücklich. gibt uns ein gutes Gefühl, schon auf der Erde.

Pfingsten

Jesus hat seinen Jüngern oft gesagt, dass er ihnen den heiligen Geist senden werde. Die Kirche feiert an Pfingsten die Ankunft des Heiligen Geistes.
In der Bibel lesen wir, es erschienen ihnen Zungen wie Feuer.

Wie kann das sein?
Wie es in der Bibel steht, handelt es sich um Erscheinungen. Außerdem trat ein gewaltiger

Sturm auf, der den Menschen angst machte. Menschen aus allen Gebieten waren versammelt. Die Apostel redeten plötzlich in anderen Sprachen.

Apostelgesch.2.5: Denn es hörte jeder in seiner Sprache sie reden.

Wie ist das möglich?

Die Apostel waren schon zu Jesu Zeiten unterwegs, um den Menschen von dem Heil das sie erwarten konnten, zu berichten. Sie kannten sicher auch einige andere Sprachen.

Es ist anzunehmen, dass es sich um ein durcheinander Sprechen handelte, mit der Wirkung dass die heilswilligen Zuhörer meinten ihre eigene Heimatsprache zu hören.

Petrus hielt eine Rede, er sprach unter anderem:

Apostelgesh.2.16: Vielmehr trifft ein, was gesagt wurde durch den Propheten Joel.

2.17: Es wird geschehen in den letzten Tagen, spricht Gott, ich werde ausgießen von meinem Geiste über alles Fleisch und eure Söhne und Töchter werden prophetisch reden, und eure Jünglinge Gesichte (Erscheinungen) schauen, und eure Greise werden Traumgesichte erhalten.

2.18: Ja, über meine Knechte und über meine Mägde will ich ausgießen in jenen Tagen von meinem Geiste, und sie werden prophetisch reden.

Der Prophet Joel (Joel 3.1, 3.2) meinte damit das Endgericht. Auch Petrus meinte wohl, aus seiner Rede geht es hervor, dass das Ende der Welt bevorstehe, und Jesus das versprochene Königsreich bald sende.

Die Briefe der Apostel

Jesus hat seinen Jüngern und Aposteln aufgegeben, das Evangelium allen Menschen zu verkünden. Die Apostel nahmen diese Aufgabe so ernst, dass sich daraus die erste Christengemeinde entwickelte und sich immer mehr vergrößerte. Es muss wohl etwas Besonderes in ihnen gewirkt haben, denn laut Bibel war es der Heilige Geist mit dem sie zum Pfingstfest erfüllt wurden.

Doch sie mussten auch dafür sorgen, dass die Sitten der damaligen Zeit gewahrt blieben. Zum Beispiel: Der Apostel Paulus schreibt an die Korinther, dass der Mann der Abglanz Gottes sei, die Frau soll ihm untertan sein.

Ist das Gottes Wille?

In Genesis 1.27 steht geschrieben: So schuf Gott den Menschen nach seinem Bild, als männlich und weiblich erschuf er sie.

Aber auch Moses war ein Mann, deshalb musste er wohl die Geschichte mit Adams Rippe noch anhängen.

Zu Jesu Zeiten waren die Frauen völlig rechtlos, nur Männer und Söhne zählten. Die Frauen durften bei Versammlungen nicht mitreden und keine Fragen stellen. Wenn sie etwas wissen wollten, sollten sie daheim ihren Mann fragen. Sie durften sich nicht die Haare schneiden und mussten sich den Kopf bedecken. Es galt als unschicklich, wenn sich eine Frau daneben benahm.

Jesus hat solche Gebote nicht erlassen.

Seit auch der Mann (Adam) vom „Baum der Erkenntnis von gut und böse" gegessen hat, versucht er die Frau zu unterdrücken. Es ist schade, denn wahre Größe ist das nicht.

Wir haben heute andere Zeiten. Keine Frau ist gezwungen sich zu verhüllen, und auch bildungsmäßig ist die Frau dem Mann gleichgestellt. Es ist also nicht nötig, sich in allem nach den Briefen der Apostel zu richten, die die damalige Zeit widerspiegeln.

Es genügt, wenn wir uns an die Worte Jesu halten.

Viele Menschen meinen, die katholische Kirche sei heute noch gegen die Frauen. Zwar dürfen Frauen mitreden und in der Kirche Dienste verrichten, aber einer Weihe sind sie anscheinend nicht würdig. Es ist aber möglich, dass sich das noch ändert, denn Jesus hatte nichts gegen Frauen, sonst wäre er nach seinem Tode nicht zuerst den Frauen erschienen.

Doch auch in den Apostelbriefen gibt es Beschreibungen, die für alle Zeit Gültigkeit haben, aber sie werden von vielen Menschen oft vergessen.

Einige Beispiele:

1. Brief Joh. 4.6: Niemand hat Gott gesehen. Wenn wir einander lieben, so bleibt Gott in uns und seine Liebe ist in uns vollkommen.

6.20: Wenn einer sagt „Ich liebe Gott", jedoch seinen Bruder (Nächsten) hasst, der ist ein Lügner. Denn wenn er seinen Bruder nicht liebt, den er sieht, der kann auch Gott nicht lieben, den er nicht sieht.

3.17: Wer die Güter dieser Welt besitzt und seinen Bruder (Nächsten) Not leiden sieht, aber sein Herz vor ihm verschließt, wie soll die Liebe Gottes bleiben in ihm?

3.18: Kinderlein, wir wollen nicht lieben mit Wort und Zunge, sondern mit Tat und Wahrheit.

1. Brief Petrus 3.10: Denn wer das Leben liebt und gute Tage sehen will, bewahre seine Zunge vor Bösem und seine Lippen vor hinterlistiger Rede.

Brief des Jakobus 1.26: Glaubt jemand, gottesfürchtig zu sein, hält aber seine Zunge nicht im Zaum, sondern täuscht sein Herz, dessen Frömmigkeit ist ohne Wert.

3.8: Die Zunge aber vermag kein Mensch zu zähmen, das niemals ruhende Übel voll tödlichen Giftes.

2.1: Meine Brüder […] macht keine Unterschiede nach Ansehen der Personen.

4.11: Redet voneinander nicht schlecht, Brüder, wer von seinem Bruder (Nächsten) schlecht redet oder über seinen Bruder richtet, der redet schlecht über das Gesetz und richtet das Gesetz Gottes.

4.12: Einer ist Gesetzgeber und Richter, er, der die Macht hat, zu retten und zu verderben, du aber, wer bist du, dass du deinen Nächsten richtest?

Andere Religionen

Fast alle Religionen haben die Liebe als Grundlage, Die Liebe zu Gott, zum Nächsten, zur Natur, zu sich selbst.

Im Buddhismus ist alles Leben gleich wertvoll, ob Natur, Tier oder Mensch.

Prinz Siddartha verließ sein Königsreich, er verzichtete auf allen äußerem Glanz und Reichtum. Er wurde ein Buddha, ein Erlauchter. Er lehrte, dass nur die Liebe zu einem glücklichen Leben führen kann.

Der Buddhist glaubt, dass seine Seele wieder zur Erde zurück kommt, und zwar so wie sie die Erde verlassen hat. Sie hat nun die Möglichkeit besser zu werden, bis sie vielleicht einmal ein Buddha wird. Deshalb sind auch Menschen der niedrigen Kasten nicht unzufrieden. Sie glauben fest daran, wenn sie ein gutes Leben führen dann werden sie später in eine höhere Kaste hineingeboren.

Auch der Islam lehrt durch Mohammed (Koran) dass nur friedfertige und liebevolle Menschen in das Paradies aufgenommen werden. Mohammed schreibt in fast jeder Sura vom liebevollen und barmherzigen Gott, und er ruft die Menschen auf, ebenfalls Liebe zu geben und Niemanden zu verfolgen.

Sura 2

10. Sagt man ihnen: Richtet kein Unheil an, so antworten sie „Friedensstifter sind wir"

11. Aber sind sie nicht doch Unheilstifter? Sie verstehen nicht.

16. […]So lässt Gott das Licht schwinden und lässt sie in Finsternis.

59. Wahrlich, Diejenigen, die glauben, die jüdisch, christlich oder sabäisch sind, die an Gott glauben und an den jüngsten Tag und Gutes üben, denen ist das Leben bei ihrem Herrn, keine Furcht über sie, sie sollen nicht betrübt sein.

(Sie sollen also dem Koran nach, nicht als Ungläubige behandelt werden.)

78. Vergießt kein Blut unter euch, und verjagt einander nicht aus den Häusern […]

(Damit verurteilt er auch den Krieg.)

130. Wir glauben an Gott und an das, was offenbart worden ist, was Abraham, Isaak, Ismael, Jakob und den Stammesvätern offenbart

worden ist, was Moses und Jesus überliefert worden ist […]

132. Es ist die Religion Gottes und was ist besser, als die Religion Gottes? Ihm sind wir Diener.

186. Bekämpft für den Pfad Gottes nur diejenigen, die euch bekämpfen, aber seid nicht ausschreitend, denn Gott liebt nicht die Ausschreitenden.

188. Wenn sie aber aufhören, siehe, Gott ist allverzeihend und allbarmherzig.

Aber auch Ungläubige sollen nicht bekämpft werden.

Sura 10

99. Willst du nun die Menschen zwingen, bis die gläubig geworden?

100. Keiner Seele ist es gegeben, gläubig zu sein, wenn nicht mit dem Willen Gottes, die Strafe wird er setzen über diejenigen, die das nicht begreifen.

Dem Koran nach ist der Heilige Krieg nur dann zulässig, wenn der Islam selbst angegriffen wird. Niemand tut das. In Europa werden Moscheen gebaut, die Kinder bekommen

Islamunterricht. In Amerika leben Christen und Moslems friedlich nebeneinander.
Wer den Koran falsch lehrt, muss sich vor Gott, der im Islam Allah genannt wird, verantworten.

Schluss

Die meisten Menschen auf der Welt sind gegen Krieg, Gewalt und Diktatur. Sie wollen Frieden und sehnen sich nach Freiheit und Liebe. Wir sollten es nicht nur von anderen verlangen, sondern es muss jeder bei sich selbst beginnen.
Weich ist stärker als hart
Wasser ist stärker als Fels
Liebe ist stärker als Gewalt

Die Liebe ist wie ein helles Licht in uns, das jeder Mensch in sich tragen sollte, sodass jeder sagen kann:
Das Licht in mir, grüßt das Licht in Dir.

Über die Autorin

E. Rika lebt derzeit im oberschwäbischen Raum. Sie ist ausgebildete Krankenschwester und Mutter von 5 Kindern. Inzwischen ist sie Rentnerin und beschäftigt sich intensiv mit der Bibel und mit Kunst.

Bildnachweise

Der Weg zu Gott

Der Weg zu Gott